Encantamentos de Govenka Morgan

OutrasPalavras

Encantamentos de

Govenka Morgan

8ª. edição

Magia de Proteção

Fotocomposição e projeto gráfico: Outras Palavras
Capa: Betina Schmid, Estúdio Alemdalenda

Coordenação Editorial:
Heloisa Galves
Regina Maria Azevedo

Tradução e adaptação: Rev. Edmundo Pelizzari Filho

Outras Palavras Produções Editoriais e Comércio Ltda.
Rua Santo Egídio, 709, cj. 141
02461-011 São Paulo SP
Telefax (0--11) 6236-4823
e-mail: outras-palavras@uol.com.br

Apresentação

Proteção é algo profundamente maternal. As fêmeas são as primeiras protetoras da Natureza. Proteger não representa viver em perigo, usar a violência ou assumir atitudes bélicas. A proteção é tão somente uma extensão do Amor.

A *proteção mágica* é um dos braços do amor divino. Quando nos sentimos protegidos, vivemos saudáveis, seguros e felizes. Todos nós possuímos um protetor interno adormecido e um protetor externo acordado. Criar as condições necessárias para despertar nosso guardião interno e nos fazer dialogar com o guardião externo é o objetivo deste livro.

Use estes ensinamentos para seu próprio benefício e passe-os a quem estiver carente de proteção. Observe sempre o preceito número um da Arte, que é o respeito à Natureza.

E que a Grande Deusa o acolha com seus braços, olhos e alma protetores!!!

OUTROS TÍTULOS DE SEU INTERESSE:

Série **ENCANTAMENTOS DE GOVENKA MORGAN**
Volume I - **Magia Amorosa**
Volume II - **Magia de Proteção**
Volume III - **Magia de Sorte e Prosperidade**
Biblioteca da Bruxa - Reúne os 3 volumes

Série **TODA MAGIA**
Volume I - **Aradia, o Evangelho das Bruxas**
de Charles G. Leland

Série **PEQUENO LIVRO ALEMDALENDA**
de Regina Maria Azevedo e Heloísa Galves
Volume I - **Amor**
Volume II - **Anjos**
Volume III - **Virtudes**
Volume IV - **Sorte**
Presente de Amigo - Reúne os volumes **Amor, Anjos e Virtudes** em embalagem luxo

Série **TRADIÇÕES MÁGICAS**
Volume I - **Tradições Mágicas dos Ciganos**
de Don Adamo Calderon
Volume II - **O Livro das Orações Mágicas**
do Abade Julio Houssay

Sobre a Autora

Antes que Govenka nos procurasse na Alemdalenda já sentíamos no ar um clima misterioso, como se algo muito importante estivesse por acontecer. No meio da tarde, nossa intuição se confirmou.

Govenka entrou pela loja e, aproximando-se de nós, apresentou-se sem muita cerimônia. Pediu-nos que sentássemos por alguns minutos e, depois de contar um pouco da sua história, perguntou qual a nossa relação com a magia e, mais especificamente, com a bruxaria wiccaniana.

Revelamos então nossa simpatia pela Grande Arte e, logo depois, sempre com uma expressão enigmática no rosto, despediu-se, saindo apressadamente e prometendo mandar notícias em breve.

Durante semanas comentamos sobre aquela estranha mulher e a mágica impressão que nos causou, por sua firmeza e seus conhecimentos. Mas, uma dúvida pairava no ar: por que Govenka nos procurara, encantando-nos com suas histórias e deixando apenas reticências no ar? A resposta nos veio através de um pacote amarrotado que chegou dias depois. Remetente? Govenka Morgan. Procedência? Uma cidade escondida nos confins da Inglaterra!!

O curioso pacote trazia antigos manuscritos com encantamentos amorosos e tradicionais de Wicca, um material mágico impecável. Para nós representava um pequeno tesouro em nossas mãos.

É este tesouro que queremos compartilhar com você, com as bênçãos das bruxas e a permissão de Govenka...Quando optamos por publicá-lo, nos dispusemos a dedicar todo o nosso empenho à obra; e, a ela, toda a nossa admiração. Este segundo volume, que contém ensinamentos de proteção, vem cobrir uma lacuna na literatura esotérica em língua portuguesa acerca de encantamentos tradicionais de wicca voltados à magia protetora. Para que você conheça mais acerca de seu próprio poder e possa usá-lo sempre em seu próprio benefício, sem prejuízo dos demais.

Heloisa Galves e Edmundo Pellizari

Sobre a Wicca

Quando começamos a organizar o Espaço Cultural Alemdalenda, fomos procurados por inúmeras pessoas interessadas em Wicca.

Alguns buscavam orientação bibliográfica, outros queriam cursos e palestras sobre a Grande Arte; outros ainda buscavam o conhecimento wiccaniano de fonte viva e tradicional. Para estes, recomendávamos paciência, já que a Antiga Bruxaria procura conhecer seus futuros iniciados com intimidade e tempo.

Uma religião ancestral, como a Fé dos Bruxos, cerca-se de uma autêntica bruma quando necessário. Mas o tempo foi passando e a bruma deu lugar ao Sol. Podemos hoje contar com bruxos de várias denominações e famílias em nosso convívio diário.

Govenka Morgan é uma bruxa tradicional britânica e pertence a um Coven (grupo wiccaniano) de linhagem irlandesa. Nascida em Londres, concluiu seus estudos nas áreas de História e Literatura. Recentemente optou pela publicação de alguns de seus trabalhos ligados à Wicca.

Este segundo volume — *Encantamentos de Govenka Morgan, Magia de Proteção* —, reúne pérolas da sabedoria wiccaniana acerca do uso de elementos da natureza para a proteção de seus usuários, sejam ou não seguidores da Tradição.

As recomendações aqui apresentadas abrangem receitas naturais e práticas mágicas cerimoniais. São o tesouro de uma bruxa que se preocupa em dividir sua sabedoria milenar, amealhada ao longo de muitos anos dedicados a essa religião de Amor, Serenidade e Harmonia.

Oração para a Grande Mãe
(tradicional wiccaniana)

A sua Arte, Senhora, veio à luz.
Quem poderá escapar de seu poder?

Sua forma é um eterno mistério;
sua presença paira
sobre as terras quentes.
Os mares te obedecem,
as tempestades se acalmam.
A sua vontade detém o dilúvio.

E eu, tua pequena criatura,
faço a saudação:

Minha Grande Rainha,
Minha Grande Mãe!

Encanto do Crisoprásio

O crisoprásio era usado pelas antigas curandeiras medievais para a cura de um antigo mal da alma: a intranqüilidade. Uma alma intranqüila é como uma janela aberta; por ela entram e saem os ventos do Bem e do Mal. Se você tem dificuldade em fechar sua janela, use o crisoprásio debaixo do seu travesseiro ou engaste-o em ouro ou prata e use-o como colar. Guarde-o numa caixinha de madeira com ramos secos de hortelã ou videira quando não estiver sendo usado.

Ritual da Água e do Vinho

Coloque uma pedra de ametista numa jarra com partes iguais de água mineral e vinho tinto. Deixe a pedra repousar ali por algumas horas. Perfume o banheiro com o incenso de sua preferência e tome um bom banho quente. Após o banho, derrame o conteúdo da jarra sobre seu corpo, sem deixar cair a ametista. este é um poderoso banho de proteção para começar bem um dia de muitas atividades.

Proteção Espiritual

Podemos buscar a proteção do Mundo dos Espíritos de três formas tradicionais: através da oração, do ritual e do retiro. A oração estabelece uma conversa entre a alma do Homem e a alma da Natureza. O ritual é a conversa da alma da Natureza com a alma do Homem. O retiro, que deve ser feito no campo, é a volta do Homem para o aconchego do seio da Grande Mãe.

Oração de Poder

Você pode orar pedindo proteção usando fórmulas antigas ou deixando seu coração fluir. Ore em voz alta ou mentalmente, cante o faça rimas. A oração é uma antiga cerimônia de sedução entre a criatura e a Criadora. A Divindade ama a humanidade e espera atos amorosos como o amante espera o abraço da amada.

Segredo Ritualístico

O ritual envolve os sentidos, obedece o tempo e respeita os espaços. O olfato é estimulado pelo incenso ou por perfumes, o paladar por poções e oferendas, a audição por cantos e música instrumental, o tato por elementos naturais (pedra, terra, água) e a visão por cores e pelo fogo. Faça seu ritual sempre no mesmo horário, num espaço confortável, limpo e silencioso.

Magia Campestre

Quando você quiser "recarregar as baterias", dê um pulinho no campo. Escolha um lugar tranqüilo, leve leituras de fundo espiritual e experimente um regime vegetariano. Ore ao amanhecer e ao anoitecer. Lave o rosto, as mãos e a nuca com água gelada ao acordar e antes das refeições. Deite-se sobre a terra e imagine-se parte dela. Invoque: "Mãe, eis aqui tua criatura!" e ouça, dentro do seu coração, a resposta: "Minha criatura, eis aqui tua Mãe!"

Escada da Bruxa

Dentro de você esconde-se o Mundo dos Sonhos. A energia desse mundo pode ser usada para a sua proteção pessoal ou das pessoas que você ama. O Mundo dos Sonhos pode ser contatado através de uma antiga técnica das Bruxas: a Escada Mágica. Pegue uma corda de algodão na cor que desejar e faça quarenta nós. Para usá-la, basta sentar-se na cama antes de adormecer e pedir o que deseja, passando os dedos pelos nós da corda. Repita sempre o mesmo desejo. Faça isso por treze dias consecutivos.

Defesa Íntima

Para proteger o quarto de más influências, ferva uma rosa vermelha junto com folhas de limoeiro e borrife pelos quatro cantos e na cama onde você dorme. Isso transforma o quarto num lugar seguro e defendido.

Magia da Bétula

Para afugentar a melancolia e a tristeza, faça um saquinho de algodão branco recheado de bétula seca e amarre-o junto ao pé da cama. Observe as mudanças que ocorrerão com o seu estado de espírito.

Melissa Protetora

A melissa afasta os pesadelos e confere sonhos alegres quando colocada debaixo do travesseiro. Ela deve ser usada seca e guardada num saquinho de algodão ou seda branca. Com ela se fabrica também uma coroa de ramos secos para ser usada em meditação e trabalhos mágicos. Esta coroa vegetal evita maus pensamentos e protege contra influências estranhas vindas de fora.

Planta de Ártemis

A artemísia, segundo a tradição da Wicca, protege contra os maus espíritos e contra o enfeitiçamento. Ela remonta seu nome à grande e boa Ártemis, a deusa caçadora. Pode ser usada como incenso, queimando-a seca num braseiro; como banho, misturada à verbena e à rosa; como amuleto, seca e envolta em algodão branco e até fumada em cachimbo, misturada seca ao tabaco.

Caixa de Bruxedos

A íris deve ser usada seca e colocada junto com uma pena de pomba e uma chave velha numa caixinha de madeira. Esta autêntica e poderosa "caixa de bruxedos" facilita a criação da proteção mágica e ajuda a criar um escudo protetor contra feitiços.

Ramalhete Protetor

Faça um ramalhete com as seguintes flores: calêndula, crisântemo, girassol; junte raminhos de louro e alecrim. Você terá um excelente amuleto de proteção que poderá ser pendurado atrás da porta da entrada da casa, do quarto ou da cozinha.

Cruz de Canela

Dois pedacinhos de canela colocados em forma de cruz na porta ou atrás da escrivaninha, no lado voltado para a parede, formam um bom amuleto protetor para o seu local de trabalho. A canela é consagrada ao Sol e este afasta as trevas.

Cebola Mágica

Escreva sobre a casca de uma cebola a palavra "Protectus" (*protegido*, em latim) e guarde-a num lugar escondido em sua cozinha. A cozinha, laboratório alquímico da bruxa, é o lugar sustentador da vida numa casa. Logo, protegê-la de perigos invisíveis e conservar seu astral sempre limpo é altamente recomendável.

Torta da Bruxa

Proteção não significa perigo iminente. Cuidar da saúde física e emocional também é uma forma de proteger-se. Alguns alimentos, quando preparados com intenção mágica, servem de catalizadores de saúde e bem-estar. Quer provar? Então prepare uma boa torta de alho-poró numa terça-feira e sirva-a com desejos de amor e proteção a todos os presentes (ou mesmo estando só). Não precisa anunciar em voz alta a ninguém. Quanto maior o segredo, maior o encanto. Quanto mais simples o encanto, maior o efeito.

Postura Animal

Às vezes, a melhor defesa é o ataque. Se você sente um medo inexplicável ou um não-sei-quê esquisito, não espere. Ajoelhe sobre a perna direita e coloque a esquerda à frente. Levante os braços e curve os dedos, como se fossem garras. Olhe ameaçadoramente para a frente e fite um ponto no infinito. Permaneça na posição por alguns minutos e imagine uma pantera em seu ataque, um gato capturando um rato ou um lobo caindo sobre uma presa. Esta é uma postura de defesa mágica, que não causará mal a ninguém, simplesmente manterá em alerta a "fera" que existe dentro de você.

Gesto Protetor

Você está num lugar público e sente que precisa isolar-se do ambiente. O que fazer? Ponha as mãos para trás e segure com a mão direita o polegar esquerdo e com a mão esquerda o polegar direito. Aperte bem para sentir a pulsação. Pronto, você fechou-se interiormente e está em segurança. Sinta o pulsar dos dedos e a tranqüilidade crescendo, crescendo...

Magia Mimética

Sente-se no chão e coloque os joelhos o mais próximo possível da cabeça. Cruze os braços em torno das pernas e feche os olhos. Sinta-se como um ouriço e seus espinhos, uma serpente enrodilhada ou uma pérola dentro da ostra... Esta é uma postura de proteção mágica. Use-a sempre acompanhada da imagem mental desses animais quando necessitar de isolamento e concentração.

Magia do Exército de Artur

Esta é para quem tem medo da noite e seus habitantes. Ande três vezes em volta da cama no sentido dos ponteiros do relógio. Sente-se nela e imagine um exército de cavaleiros à sua volta. Diga para si mesmo, mentalmente ou em voz alta: *"Eu durmo no leito do grande rei Arthur e seus cavaleiros me defendem"*. Ao acordar, pela manhã, agradeça aos cavaleiros e ande uma vez em volta da cama, no sentido contrário (anti-horário). O medo fugirá de você.

Proteção para Viagens

Viajar sempre mexe conosco. São muitas as expectativas, os desejos e as novidades com que lidamos antes e durante a viagem. Um encantamento que sempre ajuda nessas ocasiões é o seguinte: dias antes da viagem, faça algum donativo em bens ou dinheiro. Assim que chegar ao lugar destinado, beba algo em homenagem ao padroeiro do lugar (que pode ser algum personagem histórico, lendário ou religioso). A tradição diz que o melhor é três moedas e três goles. Saúde e boa viagem!!

Tenda de Merlin

Ao acordar pela manhã e antes de sair da cama, sente-se e cubra-se com o lençol ou cobertor. Coloque-se de tal maneira que seu corpo esteja inteiramente envolto como uma tenda. Pense no dia que está pela frente e medite naquilo que você mais necessita. Não pense nos seus medos ou receios, imagine só as coisas boas. Descubra-se e levante. Este pequeno exercício de meditação foi adaptado de uma antiga prática dos sacerdotes celtas. É chamado *"a Tenda de Merlin"* e era usado para descobrir o sentido oculto do dia e eliminar possíveis contratempos.

Espaço Sagrado

Trate a sua casa como um espaço sagrado e o mundo profano, aquele que lhe causa horror ao ler os jornais, ficará lá fora. Para criar seu espaço sagrado, escolha um lugarzinho da casa e deixe sempre ali um vaso de flores, um recipiente com água perfumada ou incenso. Uma foto de um ente querido, de uma divindade e a representação de um animal de poder ou sorte também contribuirão para elevar o astral do lugar.

Ablução das Mãos

Uma prática centenária de proteção do lar consistia em lavar as mãos assim que se chegasse da rua. Isso não era apenas uma medida higiênica, mas um ritual que marcava a passagem do espaço profano (a rua) para o espaço sagrado (nossa casa). O ritual recomendava esfregar cada mão três vezes e depois, de preferência, sacudi-las em vez de enxugá-las.

Batismo da Casa

Um segredinho das bruxas é transformar a casa, de um simples aglomerado de madeira ou concreto, em lar. Essa antiga tradição remonta dos tempos em que a casa possuía uma "alma", como você sabe, toda alma possui um nome. Por isso, nomeie sua casa. Escolha para ela um bonito e sonoro nome. Guarde-o em segredo ou revele apenas para os íntimos. A partir desse dia, ela terá mais aconchego e poder.

Nascimento Mágico

O dia mais poderoso de cada pessoa é o do seu nascimento. O aniversário não é apenas uma festa entre amigos e parentes, podendo adquirir um significado mágico se você usar esse dia magicamente. Nessa data, consagre alguns momentos para a meditação. Tome um banho demorado e imagine que as águas purificam seu corpo e sua alma. Depois, sente-se confortavelmente e perceba que, para você, o Ano Novo começa agora. Pense em seus desejos, faça preces e adore a divindade que o criou e o colocou no mundo. Reverencie todas as mães e mulheres de sua família. Saúde suas ancestrais conhecidas e desconhecidas. Celebre o ano pessoal que se inicia e faça um brinde a você. Peça proteção, sorte e conhecimento. E, em vez de apagar uma vela, acenda-a...

Vassoura da Bruxa

A vassoura, popularmente associada às bruxas, é um símbolo disfarçado do conhecimento e da maestria. Ela é o bastão do sacerdote e da sacerdotisa encoberto pelos galhos secos das árvores. Se você precisar "varrer" para fora da sua casa ou da sua vida coisas e personagens indesejáveis, use a vassoura. Compre uma vassoura nova (ou confeccione uma com galhos e folhas), escolha uma noite tranqüila e, com ela em punho, anuncie em voz alta o que vai fazer. Varra treze vezes de dentro para fora e, durante essa atividade, imagine tudo aquilo indo embora da sua vida, sem ódio nem desejo de vingança. A coisa deve ser tão natural quanto o simples ato de varrer a sua casa, como em qualquer outro dia.

Água Encantada

Prepare uma mistura de água mineral e essência de verbena ou rosa. Introduza uma rosa vermelha na mistura e borrife com ela os cantos da casa. Durante o ritual, imagine os ambientes clareando e se tornando cada vez mais luminosos. Detenha-se na sua cama, na poltrona preferida ou no seu cantinho especial com mais atenção. Por último, borrife a porta da casa e passe a mistura pelos batentes da porta. Quando terminar, jogue o conteúdo do recipiente fora e coloque a rosa num vaso. Faça isso a cada dois meses ou sempre que desejar purificar seu lar.

Aroma de Ervas

Acenda um fogareiro e queime alecrim, canela, lavanda e manjerona. Sente-se num banquinho perto do fogareiro e tome um bom banho de fumaça. Faça movimentos circulares com as mãos e passe-as nos cabelos, rosto, peito, braços e pernas. Repita isso várias vezes e depois afaste-se do fogareiro e descanse, deitando-se no chão. Observe que as ervas devem ser usadas secas. Realize este pequeno ritual de preferência à noite e ao ar livre. Se isso não for possível, utilize o banheiro. Tome cuidado com o fogareiro e não aspire a fumaça.

Garrafa da Bruxa

Guarde pregos, agulhas, cacos de louça e outros objetos pontiagudos dentro de um pote fosco e lacre-o hermeticamente. Coloque-o num lugar bem visível da casa, mas jamais revele seu conteúdo. Divirta-se até com a curiosidade das pessoas, mas nunca conte o que ele contém. O objetivo é realmente chamar a atenção, por isso escolha um pote bem bonito. Este é o mais potente amuleto contra mau-olhado para o nosso lar ou ambiente de trabalho.

Máscara Protetora

O poder das máscaras já foi comprovado várias vezes.Você tem uma? Elas têm o poder de exorcizar e sua força pode ser passada de geração a geração. Evite comprar uma máscara cuja origem você desconhece; é preferível fazer uma. Use madeira, argila, metal ou sucata. Pinte-a nas cores amarela, vermelha e preta. Coloque olhos grandes (contra mau-olhado), dentes ferozes (para afugentar os inimigos invisíveis) e boca escancarada (para causar medo). Decore-a com pregos espetados e pequenos espelhos. E lembre-se do principal segredo: pimentas secas espetadas na parte de trás...

Tradição da Ferradura

Para dar sorte e proteção, uma autêntica ferradura jamais deve ser colocada com as pontas viradas para baixo. Isto era privilégio da classe dos ferreiros feiticeiros e outras espécies de bruxos antigos. As outras pessoas deviam usá-las com as pontas para cima. Aprenda com a Antiga Arte: uma coisa só funciona direito se usada no lugar certo.

Cerca Mágica

Algumas plantas são usadas como cerca natural, o espinheiro, por exemplo. Você já pensou em uma cerca mágica? Plante em volta da casa ou em vasinhos dentro dela aipo, bardana, cebolinha, hortelã ou mostarda. Espete alguns pregos grandes na terra dos vasos e pronto: você terá um caerca mágica contra certas influências invisíveis indesejáveis...

Mens Sana

Existe uma misteriosa receita de proteção. Ela é a mais confiável, duradoura e importante entre todas já divulgadas e consiste no seguinte: não alimente maus pensamentos. Evite fofocas, pragas, blasfêmias. Não faça nenhum ser vivo sofrer nem contribua para isso. A Natureza o recompensará com proteção e vigilância sem precedentes. E, para cada presente recebido da Grande Mãe, retribua três vezes mais.

Proteção de Ártemis

O jacinto, conhecido também como zirconita, segundo a tradição medieval, era usado por mulheres que gostavam ou precisavam morar sozinhas, ficando um longo período sem a companhia masculina. Ela é a pedra do olho e pode ser usada como ornamento (colar ou brinco) ou como talismã, engastado em prata ou ferro. O jacinto fortalece as solitárias e protege sua independência. É a pedra consagrada a Ártemis, a deusa caçadora.

Olho de Batata

Corte uma batata grande, faça um buraco no meio e coloque ali uma noz-moscada. Ela ficou parecida com um olho? A idéia é essa mesma. Isto é magia imitativa. O "olho de batata" serve comtra a inveja e o mau-olhado. Ele deve ser guardado debaixo da cama por uns dois dias e depois jogado fora. Funciona muito bem.

Calmante Natural

Crianças com sonhos agitados podem ser tranqüilizadas com um pequeno ramalhete de lavanda amarrado ao berço ou cama. Travesseiros também podem ser recheados com essa planta miraculosa, beneficiando, assim, os adultos insones e amedrontados.

Nemeton

Os compromissos e a agitação diários nos empurram cada vez mais para fora de nós mesmos. Se você precisa de isolamento e tranqüilidade para pensar e decidir, mas não pode dar um pulo até as montanhas, use a antiga magia celta. Arrume algumas pedras do tamanho aproximado de sua mão, em número de sete, nove ou treze. Disponha-as em círculo ao seu redor. Sente-se no meio e feche os olhos. Você criou uma espécie de *"nemeton"*, um círculo sagrado celta. Este é o seu espaço, a porta para um mundo só seu. Use-o para meditar, pensar e ler em tranqüilidade. Depois, guarde as pedras com carinho e lave-as de vez em quando em água corrente. Se você não vai à montanha, a magia celta vem até você!

Tornando-se Gigante

Algumas vezes temos medo e nos sentimos pequeninos diante de certas situações ou lugares. Uma receita rápida para enganar o medo, enquanto não pudermos destrui-lo, é imaginarmos que crescemos e nos tornamos gigantescos. Dessa maneira, enxergando com os olhos da nossa imaginação, as coisas que nos constrangem vão diminuindo perante o nosso exagerado tamanho e sentimo-nos mais tranqüilos e fortes. Depois, é só voltar ao tamanho natural e tudo vai estar bem. A chave deste encantamento é a prática. Quanto mais se pratica, melhores os resultados.

Oráculo do Dia

Como vai ser o seu dia? Ninguém sabe as tramas do Destino, mas podemos dar uma mãozinha a nosso favor. Uma antiga tradição conta que a primeira coisa que vemos ao acordar determina os rumos do dia. Então, é bom colocar ao alcance dos olhos coisas bonitas e inspiradoras. Uma imagem religiosa, objetos de arte, livros sagrados. E — por que não? — o rosto da pessoa amada ou das nossas crianças... O importante é a primeira coisa que enxergamos. Afinal, os olhos são a porta da alma...

Panspermia

Na noite do Ano Novo, reúna todos os tipos de grãos de cereais que você tiver em casa (feijão, fava, grão-de-bico, ervilha, lentilha, etc.) e prepare uma boa sopa. Os grãos são símbolos de fecundidade, prosperidade e suas diversas cores, significam as várias oportunidades que aparecerão durante o ano. Seu único trabalho é comê-los... Assim sendo, bom apetite!!!

Ritual de Posse

Quando você muda para uma casa nova (seja própria ou alugada), o ideal é impregná-la com sua própria energia. Muitas vezes "coisas estranhas" acontecem porque o ambiente está carregado com a energia dos outros. Realize então o *Ritual de Tomada de Posse.* Ele consiste em caminhar por todos os cômodos da casa segurando uma vela acesa. Depois, pára-se na sala e anuncia-se quem são seus novos habitantes, a quem a casa pertence agora. Apaga-se a vela e brinda-se com vinho ou suco natural de uvas.

Rito de Limpeza

No primeiro dia de janeiro, logo pela manhã, abra todas as janelas de sua casa e acenda um incenso de rosa ou verbena. Pegue uma vassoura e, simbolicamente, limpe a casa. Varra de dentro para fora e imagine a "sujeira" (todas as coisas desagradáveis que aconteceram no ano anterior) voando pelas janelas como pássaros negros. Depois, imagine pássaros coloridos entrando e pousando sobre os móveis, cantos e pessoas da casa. Eles são os emissários de boas-novas no ano que se inicia.

Desenhando Símbolos

Certos símbolos podem servir para a magia protetora. Para meditar ou ritualizar algo forte, que transmita segurança, experimente desenhar um dos seguintes símbolos: uma âncora, uma boca com dentes afiados, chifres de cervo, uma chave ou uma serpente enrodilhada. Desenhe-o com cinza, giz ou pó de café sobre o chão e sente-se ao lado do símbolo. Concentre-se no seu desejo de proteção e depois apague o desenho.

Garrafa de Cainrell

Encha uma garrafa com três partes iguais de sal, pimenta (do reino ou vermelha, sempre em pó) e cravos-da-índia. Feche com uma rolha, lacre com cera vermelha e guarde num armário. Essa é a famosa garrafa do mestre Cainrell, um bruxo irlandês que se protegia maravilhosamente bem. Quanto mais antiga a garrafa, segundo a tradição, mais eficiente a magia.

Chave Protetora

Amarre uma chave, de preferência daquelas bem antigas, numa fita vermelha e pendure atrás da porta. Esta tradição mediterrânea ajudará você a guardar a entrada da sua casa, garantindo-lhe também proteção a cada saída.

Concha Encantada

Na noite do dia 31 de dezembro, para assegurar um novo ano cheio de proteção e amparo, passe três vezes uma concha por sua cabeça na última batida da meia-noite.

Magia do Hissopo

Na primeira Lua Cheia do ano que se inicia, prepare um jarro com água de rosas e um hissopo (vassourinha feita com galhos secos para aspersão de água benta ou mágica). Esparja essa água por todos os cantos da casa. Sente-se confortavelmente e imagine um grande roseiral protegendo e perfumando o seu lar. Esta prática bem eficiente é uma tradição das feiticeiras medievais.

Dinheiro Perfumado

Um potinho de barro ou louça decorado com moedinhas diversas, flores secas e sachês é uma simpática maneira de "perfumar" o seu dinheiro com a finalidade de protegê-lo. As moedinhas simbolizam os ganhos presentes e futuros. O perfume representa a suavidade e a tranqüilidade que desejamos para obtê-lo através do nosso trabalho e do nosso talento pessoal.

Apêndice

A Tríplice Bênção:
um antigo ritual de proteção

Material necessário:

uma garrafa de vinho tinto
1 copo de água mineral
um punhado de sal
incenso de rosa ou verbena
(varetinhas ou cubos)

Preparação do ritual:

Retire-se para um lugar sossegado, sem barulhos externos nem distrações. Escolha uma hora e dia adequados à sua necessidade. Acenda o incenso e espalhe o sal no chão. Pise sobre ele, misture a água e o vinho num recipiente apropriado e limpo. Repita as seguintes palavras:

"Abençoe-me, Rainha,
porque sou tua criança.

Abençoe meus olhos
para que eu veja o teu caminho
(mergulhe os dedos da mão direita no recipiente e esfregue-os na testa.)

Abençoe meu peito
para que eu siga o teu caminho
(mergulhe os dedos da mão direita no recipiente e esfregue-os no peito.)

Abençoe meus pés
para que eu trilhe o teu caminho

(mergulhe os dedos da mão direita no recipiente e esfregue-os nos pés.)

Para que eu esteja em harmonia contigo, com a Natureza e comigo"
(beba um pouco do conteúdo do recipiente e derrame o restante no chão.)

Observações importantes: Execute este ritual de preferência em contato com a terra. Caso isso não seja possível, use apenas um pouco de vinho e de água, na proporção de três partes de vinho para uma de água, sem a necessidade de verter o resto no chão. Para os que não bebem vinho, este pode ser substituído por suco natural de uva.